Inhalt

Supply Chain Controlling - Wertketten unternehmensübergreifend steuern

Kernthesen

Beitrag

Fallbeispiele

Weiterführende Literatur

Impressum

Supply Chain Controlling - Wertketten unternehmensübergreifend steuern

Robert Reuter

Kernthesen

- Einkauf und Distribution können durch Controlling-Instrumente effizienter organisiert werden.
- Die isolierte Betrachtung einzelner Glieder einer Wertschöpfungskette bringt jedoch wenig. Gefragt ist viel mehr ein Supply-Chain-Management, das von einem Supply-Chain-Controlling unterstützt wird.
- Um die Wertschöpfungskette ganzheitlich

zu steuern, müssen alle beteiligten Unternehmen an einem Strang ziehen.

Beitrag

Wertketten und Netzwerke für mehr Effizienz

Die ewige Suche nach mehr Effektivität und das Streben nach niedrigen Kosten haben bei vielen Unternehmen dazu geführt, die gesamte Wertschöpfungskette zum Aufgabengebiet des Managements zu erheben. Der dahinterstehende Gedanke ist es, durch die Herausbildung von Unternehmensnetzwerken mit festen Partnern sowohl bei Zulieferern als auch bei Distribution, Logistik und Marketing zu besonders effizienten Produktions- und Absatzprozessen zu kommen. Bezeichnet werden die entlang der Wertschöpfungskette gebildeten Netzwerke als Supply Chain, die Führung des Gesamtprozesses heißt Supply Chain Management (SCM).

Schon seit längerem etabliert ist die Idee, die Wertkette als Ganzes einem Controlling zu unterziehen. Hierfür werden der Wareneingang, die Leistungen der Lieferanten, die eigene Produktion sowie Distribution und in Einzelfällen sogar das Marketing in ein System aus Kennzahlen gegossen. Dem Controller ist es so möglich, Schwachstellen in der Wertschöpfungskette gezielt aufzuspüren, wie etwa (Liefer-) Engpässe, Flaschenhälse, Beförderungsstaus und nicht zuletzt Finanzierungsprobleme. Allerdings scheint es so zu sein, dass sogar diese schon vor Jahren diskutierte Frühform des Supply Chain Controllings bei den Unternehmen noch immer wenig verbreitet ist.

Dennoch hat sich SC-Controlling in den letzten Jahren weiterentwickelt. Klarer als noch vor Jahren wird heute gesehen, dass es sich bei der Wertschöpfungskette um einen Prozess handelt, der darum eine ebenso dynamische Steuerung verlangt. Zum anderen wurde deutlich, dass sich SCM und SC-Controlling nicht nur im vernetzten Unternehmen selbst abspielen dürfen. Viel mehr muss der Wertkettengedanke unternehmensübergreifend zur Anwendung kommen, das heißt, das Controlling muss in jedem Glied der Kette steuernd eingreifen können. (1), (2)

Neue Fragen an das Controlling

Soll das Controlling unternehmensübergreifend zum Einsatz kommen, ist einiges Hirnschmalz dafür erforderlich, eine praktikable Vorgehensweise zu finden. Eine der wichtigsten Fragen ist die, wie die Steuerung unabhängiger Organisationen überhaupt vonstatten gehen kann, wenn gar keine Weisungsbefugnis gegenüber den Partnern in der Wertkette besteht. Anders liegt der Fall natürlich, wenn es sich um ein Tochterunternehmen handelt, das sich von der Zentrale aus steuern lässt. Dies aber ist in der Praxis nur selten der Fall, denn jedes Unternehmen hat es mit Unternehmenspartnern zu tun, die nicht zum Konzern gehören.

Zweifellos kann das Controlling eines Unternehmens nur dann Einfluss auf die Führung einer anderen Firma nehmen, wenn ein Vertrauensverhältnis besteht. Eine funktionierende Kooperation ist darum eine notwendige Voraussetzung, wenn sich das Controlling eines Unternehmens auf Zulieferer und Verteiler erstrecken soll. Ein Anfang kann es dabei sein, wenn das Controlling Prozessnormen entwickelt, die vom Partnerunternehmen angenommen und eingehalten werden. Voraussetzung dafür ist, dass der Partner die Zusammenarbeit gerne aufrechterhalten möchte, und er darum bereit ist, vom Controlling gezogene Leitplanken zu akzeptieren. Dies dürfte umso mehr der Fall sein, je stärker sich das gemeinsame Handeln mit gemeinsamen Normen positiv auch auf die Geschäftsbilanz des Partners auswirkt.

Die Vorteile eines unternehmensübergreifenden

Controllings sollten freilich vor der Kooperation zwischen den Supply-Chain-Partnern ermittelt werden. Immerhin müssen die Partner hinnehmen, dass ihre Leistungen für die Wertschöpfungskette fortan von einem fremden Unternehmen gemessen und beurteilt werden. Dies fällt naturgemäß leichter, wenn die Delegierung der Steuerungshoheit zumindest mittelfristig konkreten Nutzen auch für den Partner bedeutet. (1), (2)

Auch in kleineren Unternehmen anwendbar

Ganz wird man bei diesen neueren Ideen zum Prozess-Controlling innerhalb von Wertschöpfungsketten allerdings nicht das Gefühl los, dass die Möglichkeit des unternehmensübergreifenden Controllings wohl da am besten gelingt, wo ein großer Konzern seinen kleineren Partnern die Bedingungen diktieren kann. Problematischer dürfte die Umsetzung sein, wenn ein mittelständisches Unternehmen SC-Controlling anstrebt, das sich hinsichtlich Betriebsgröße und Marktmacht mit seinen Partnern auf Augenhöhe bewegt. Die Controlling-Forschung betont aber, dass die Gleichgerichtetheit der Interessen aller Partner die Bereitschaft zur Kooperation deutlich steigern kann. Arbeitet ein Unternehmen mit Partnern entlang der Wertschöpfungskette eng zusammen, so liegt es im Interesse aller Beteiligten, ihre Aktivitäten bestmöglich zu koordinieren und damit den Erfolg von Supply-Chain-Management und -Controlling zu ermöglichen. Damit wäre SC-Controlling auch zwischen mittelständischen Unternehmen einführbar. Die Praxis zeigt allerdings, dass kleine und mittelständische Unternehmen Supply Chains bisher ebenso selten einem ganzheitlichen Management unterziehen wie einem auf den Gesamtprozess gerichteten Controlling. (1), (2)

Trends

Ignorierte Vorteile

Einer Umfrage aus dem vergangenen Jahr zufolge bewerten baden-württembergische Mittelständler das Controlling von Supply Chains zwar als sinnvoll, setzen es aber kaum ein. Die Unternehmen sehen SCM-Controlling insbesondere als dafür geeignet, mit den Partnern eine einheitliche Kommunikationsbasis zu schaffen. Auch hinsichtlich Effizienz und Kostenreduktion trauen die Unternehmer dem unternehmensübergreifenden Controllingverfahren einiges zu. Andererseits betreiben zwei Drittel der befragten Unternehmen ihr

Controlling noch immer lediglich intern. Die Autoren der Studie glauben darum selbst, dass es sich bei manchen Aussagen der Unternehmer zum Supply-Chain-Controlling um Lippenbekenntnisse handelt. (2)

Fallbeispiele

Kennzahlen für den Einkauf

Erst eine transparente Darstellung der Prozesskosten ermöglicht es dem Unternehmen, den wahren Anteil des Einkaufs an der Wertschöpfung zu ermitteln. Hierfür muss das Controlling alle Maßnahmen systematisch erfassen, die sich auf die Kosten anderer Abteilungen auswirken. Geeignete Kennzahlen für ein prozessorientiertes Einkaufs-Controlling sind die Materialkostenveränderung und die Cash-Out-Quote. (3)

Miele setzt auf Lead-Buyer-Konzept

Der Haushaltsgeräte-Hersteller Miele hat sich ein erfolgreiches Beschaffungskonzept zugelegt. Das angewendete Lead-Buyer-Konzept sorgt für standardisierte Beschaffungsprozesse und ermöglicht eine einheitliche Informationsbasis in allen Gliedern der Konzernorganisation. Das Controlling arbeitet nun nicht mehr vergangenheitsorientiert, sondern richtet den Blick in die Zukunft. Der bloße Blick in den Rückspiegel hatte bis dahin dazu geführt, dass bei Mehrjahresverträgen mit Zulieferern oft erst im Nachhinein Einsparungspotenziale offenkundig wurden. Mit seiner Lead-Buyer-Strategie ist Miele nun in der Lage, seine Einkaufsstrategie von der übergeordneten Geschäftsstrategie abzuleiten. (4)

Banken forcieren Supply-Chain-Finanzierung

Laut einer jüngeren Studie haben Banken ein zunehmendes Interesse daran, mit so genannten Distributor-Finance-Programmen (DF) kleine und mittelständische Unternehmen bei der Finanzierung ihrer Zulieferleistung für Großkonzerne zu unterstützen. Dieses auch als Supply-Chain-Finanzierung bekannte Geschäftsfeld hilft, finanzielle Engpässe zu vermeiden, die sich im Falle von Zulieferern negativ auf die Erfüllung ihrer Lieferversprechen auswirken würden. Eine Maßnahme hierbei ist beispielsweise der Aufkauf von finanziellen Forderungen, die an den Mittelständler gerichtet sind und die ihn in Bedrängnis bringen. Hierdurch gewinnt der Zulieferer mehr Zeit bei der Rückzahlung und kann sich auf die Produktion konzentrieren. (5)

Apple baut seine Logistikkette aus

Der US-Elektronikkonzern will seine Supply Chain widerstandsfähiger machen und die Kosten senken. Analysten vermuten, dass der Smartphone-Riese insbesondere die Montage der Geräte neu vergeben will, da es hier in der Vergangenheit Qualitätsmängel zu beklagen gab. Derzeit kursieren einige Namen von Unternehmen, die die Montage der Apple-Produkte zukünftig übernehmen könnten. (6)

Weiterführende Literatur

(1) Wertschöpfungsketten als Herausforderung für Unternehmen: Management von Wertschöpfungsketten als Forschungsfeld aus Ökologisches Wirtschaften, Heft 02/2012, S. 15-17

(2) Supply Chain Controlling in deutschen KMUs - eine empirische Analyse1 von Andreas Taschner aus CONTROLLER Magazin, Heft 5/2013, S. 54-60

(3) Kennzahlenmanagement Mehr Transparenz sorgt

für eine bessere Einkaufsorganisation
aus Industrieanzeiger, Heft 11, 2013, S. 16

(4) Straffung der Einkaufsorganisation bei Miele
Sauberes SRM-System
aus BA Beschaffung aktuell, Heft 8, 2013, S. 28

(5) Supply Chain Management Banken wollen Logistikketten finanzieren
aus www.maschinenmarkt.de vom 30.08.2013

(6) Supply Chain Management Apple sichert Logistikkette und baut sie deshalb wohl aus
aus www.elektronikpraxis.de vom 06.09.2013

Impressum

Supply Chain Controlling - Wertketten unternehmensübergreifend steuern

Bibliografische Information der deutschen Nationalbibliothek

Die Deutsche Nationalbibliothek verzeichnet diese Publikation in der deutschen Nationalbibliografie; detaillierte bibliografische Daten sind im Internet über http://dnb.d-nb.de abrufbar.

ISBN: 978-3-7379-0120-8

© 2015 GBI-Genios Deutsche Wirtschaftsdatenbank GmbH, Freischützstraße 96, 81927 München, www.genios.de

Alle Rechte vorbehalten. Dieses Werk ist einschließlich aller seiner Teile – z.B. Texte, Tabellen und Grafiken - urheberrechtlich geschützt. Jede Verwertung außerhalb der Grenzen des Urheberrechtsgesetzes bedarf der vorherigen Zustimmung des Verlags. Dies gilt insbesondere auch für auszugsweise Nachdrucke, fotomechanische Vervielfältigungen (Fotokopie/Mikroskopie), Übersetzungen, Auswertungen durch Datenbanken oder ähnliche Einrichtungen und die Einspeicherung und Verarbeitung in elektronischen Systemen.